Virginie Fratelli

Je vais tellement ~~mal~~ mieux

LE GUIDE POUR LIBÉRER TON ESPRIT, REPRENDRE LE CONTRÔLE ET AVANCER

CE LIVRE APPARTIENT À :

....

OFFERT PAR :

....

À mes fils,
Que ce livre vous accompagne dans les moments de doute,
et vous rappelle que la force de retrouver votre voie est déjà en vous.

© 2025, Virginie FRATELLI

Édition : BoD · Books on Demand, 31 avenue Saint-Rémy, 57600 Forbach, bod@bod.fr
Impression : Libri Plureos GmbH, Friedensallee 273, 22763 Hamburg (Allemagne)

ISBN : 978-2-3225-9645-4
Dépôt légal: Juin 2025

SOMMAIRE

J'ai écrit ce livre parce que je sais ce que c'est que de se sentir piégée par ses propres pensées, de lutter contre ce mal-être qui envahit tout sans prévenir. J'ai vécu ces moments de doute, d'épuisement, où avancer semble impossible.

Je ne prétends pas avoir la recette miracle. Ce que je te propose, c'est un chemin concret, construit sur des expériences vécues, des méthodes éprouvées et porté par un engagement sincère à t'accompagner vers une transformation durable.

Toi qui tiens ce livre, je veux que tu saches une chose essentielle : tu n'es pas seul(e). Beaucoup partagent ce combat intérieur. Je suis là pour t'accompagner, pas à pas, a avec clarté, rigueur et surtout une profonde bienveillance.

Ce livre est un engagement, le mien envers toi, celui d'être un soutien fiable, exigeant quand il faut, toujours bienveillant.

Je t'invite à ouvrir ce livre avec confiance et curiosité, à t'y investir pleinement, car ta transformation débute ici, à chaque page tournée, à chaque prise de conscience, à chaque action posée.

Ce chemin, parfois difficile, est la clé pour retrouver la paix, la confiance et reprendre la maîtrise de ta vie.

Introduction

Tu tiens ce livre entre tes mains parce que, quelque part, tu ressens que ça ne va pas. Peut-être que tes pensées tournent en boucle, que l'angoisse t'envahit sans prévenir, que la fatigue émotionnelle te pèse, ou simplement que tu as ce sentiment profond de ne pas avancer comme tu le voudrais. Tu n'es pas seul(e). Ce mal-être, cette tension intérieure, ces doutes, sont des compagnons silencieux que beaucoup connaissent, mais que peu osent affronter pleinement.

Ce livre n'est pas un remède magique. Il ne promet pas que tout s'arrangera du jour au lendemain. Ce qu'il t'offre, c'est bien plus précieux : un chemin clair, solide, construit sur des vérités éprouvées et des méthodes concrètes, pour te permettre de reprendre le contrôle, d'apaiser ton esprit et de reconstruire ta confiance, pierre après pierre.

Tu vas découvrir pourquoi ton mental te joue parfois des tours, comment tes pensées peuvent t'enfermer dans un cercle négatif, et surtout, comment tu peux inverser la tendance. Ce n'est pas un simple manuel, c'est un compagnon de route qui t'encourage à regarder tes peurs en face, à comprendre leurs racines, puis à agir avec courage et douceur.

Ce livre est construit comme un parcours clair, structuré en étapes précises, conçues pour te guider pas à pas. Ici, pas de blabla inutile ni de promesses irréalistes. Chaque chapitre t'offre des outils simples, pratiques et efficaces, directement applicables à ta vie quotidienne. L'idée est de t'aider à avancer concrètement, sans te perdre dans des théories abstraites ou des méthodes compliquées.

Mais ce chemin, aussi bien balisé soit-il, ne peut réussir que si tu t'y engages pleinement. Je t'invite à faire de ce livre un compagnon actif : prends le temps d'explorer les exercices, d'utiliser les espaces d'écriture pour faire émerger ta vérité, de répondre aux questions qui te poussent à te comprendre davantage.

La transformation ne tombe pas du ciel. Elle se construit jour après jour, par la constance de tes actions et la conscience que tu mets dans chaque pas. Ce travail demande de la patience, de la bienveillance envers toi-même, et une réelle volonté d'avancer.

Sache que ce mal-être que tu ressens n'est ni rare ni honteux. Beaucoup traversent ces tempêtes intérieures, ces moments d'incertitude et de doute. La bonne nouvelle, c'est qu'il est possible d'en sortir. Avec la méthode juste, un engagement sincère et des outils adaptés, tu peux retrouver ton équilibre. Il est normal que les progrès prennent du temps, parfois saccadés, mais chaque pas compte. Sois patient(e) et surtout bienveillant(e) envers toi-même dans ce cheminement.

Ce guide se divise en trois grandes étapes, chacune pensée pour t'accompagner dans ta transformation. Tu commenceras par comprendre les mécanismes qui t'enferment, puis tu apprendras à calmer ton esprit et à reprogrammer tes pensées. Ensuite, tu te reconnecteras à toi-même, à tes objectifs pour transformer ton quotidien en posant des actions concrètes qui te permettront d'avancer avec plus de sérénité et d'assurance.

Ce parcours est une montée en puissance progressive, qui te mènera de la compréhension à la transformation, en passant par l'apaisement et la reconnexion profonde avec ta force intérieure.

Étape 1

Comprendre ton mal-être

LES MÉCANISMES DE L'ANXIÉTÉ
ET DU MAL-ÊTRE

Parfois, ton esprit s'emballe, les pensées tournent en boucle, et l'angoisse arrive sans prévenir. Cette fatigue émotionnelle t'épuise, te bloque, et rend difficile l'envie d'avancer.

Mais ton cerveau n'est pas ton ennemi. Il suit des mécanismes précis, souvent automatiques, qui peuvent sembler piégeurs, mais que tu peux apprendre à reconnaître, à comprendre, et à transformer.

Comprendre ce qui se passe dans ta tête est le premier pas pour reprendre le contrôle de ta vie. C'est comme lever le voile sur ce qui t'empêche d'avancer, pour enfin t'en libérer.

Ce que tu ressens est partagé par beaucoup. Tu n'es pas seul(e). Et même si ce chemin peut sembler difficile, il existe une lumière à l'intérieur de toi qui peut s'allumer.

Respire profondément. Accueille ces vérités avec douceur. C'est ce nouveau regard qui va te permettre de changer ta manière de penser, et donc de vivre.

Ton cerveau alterne entre deux modes essentiels : survie ou sérénité.

Le mode survie s'active dès que tu perçois un danger, réel ou non. C'est un système d'alarme automatique. Il te prépare à fuir, combattre ou rester figé.

Ce réflexe, vital, devient un piège quand il reste constamment actif. C'est la source de ton stress et de ton anxiété.

Sous cette pression, ton corps déverse du cortisol et de l'adrénaline. Tu ressens cette tension qui serre ta poitrine, ton cœur qui bat trop vite, ton esprit qui s'emballe.

C'est là que les pensées envahissantes prennent le pouvoir. Elles tournent en boucle, obsèdent ton esprit, te coupent de l'instant présent.

Ces ruminations sont des cycles infernaux, des spirales négatives où ton mental s'enferme sans issue. Chaque pensée nourrit la suivante, amplifiant ta peur, renforçant ton doute, t'empêchant d'agir ou de respirer librement.

Ce n'est pas ta faute, c'est un mécanisme de survie mal adapté. Ton cerveau croit te protéger, mais il t'emprisonne.

La clé pour briser ce cercle ? Comprendre comment ce système fonctionne.

Observer ces pensées sans te laisser happer, prendre du recul, devenir spectateur plutôt que prisonnier.

Cette prise de conscience est ta première arme pour reprendre le contrôle et faire basculer ton cerveau vers le mode sérénité.

CYCLE DE L'ANXIÉTÉ ET DES RUMINATIONS

Déclencheurs
(situation, sensation,...)

Renforcement du déclencheur
(éviter la situation,...)

Pensée négative
("Je n'y arriverai pas")

Réaction émotionnelle
(peur, angoisse,...)

Ce schéma illustre comment une pensée négative déclenche une émotion forte, qui à son tour renforce cette pensée. Ce mécanisme crée une boucle qui maintient l'anxiété active.

Comprendre ce mécanisme est la première étape pour reprendre le contrôle.

L'anxiété et ce fonctionnement mental en boucle ne sont pas que des expériences intérieures. Ils ont des conséquences très réelles et tangibles dans ta vie quotidienne, même si tu ne t'en rends pas toujours compte.

La fatigue mentale devient une compagne constante. Ton cerveau travaille en surchauffe, épuisé par cette activité incessante. Tu ressens souvent une lassitude profonde, une sensation d'être vidé(e) avant même de commencer ta journée. Cette fatigue physique est aussi fréquente : tensions musculaires, troubles du sommeil, ou encore un corps lourd et tendu.

La concentration devient difficile. Tu luttes pour rester focus, pour garder ton attention sur une tâche simple. Cette dispersion fatigue davantage ton mental, qui tourne en permanence. L'irritabilité s'installe, tu deviens plus sensible aux petits désagréments, et les réactions que tu as peuvent surprendre ton entourage.

Dans tes relations, cette agitation interne crée des tensions invisibles. Tu peux te sentir isolé(e) même entouré(e), car la peur ou la colère peuvent te couper de ceux qui t'aiment. Les discussions deviennent parfois difficiles, et les incompréhensions s'accumulent. Les décisions, elles aussi, se compliquent : paralysé(e) par le doute et l'inquiétude, tu as du mal à choisir et avancer.

Le sentiment d'impuissance s'installe doucement, te donnant l'impression que rien ne peut changer. Cette impression d'être coincé(e) dans un cercle sans issue renforce l'isolement et la peur.

Mais prendre conscience de ces effets est une étape essentielle.

Ce n'est pas une fatalité. Tu peux apprendre à reprendre le contrôle, à casser ce cycle et à retrouver un équilibre qui te permet de vivre pleinement.

Par exemple, tu peux te surprendre à ruminer toute la nuit avant un rendez-vous important, imaginant tous les scénarios négatifs possibles. Ou bien, au travail, ton esprit s'emballe à cause d'une critique reçue, même anodine, et tu ressens une tension qui ne te lâche plus. Ces réactions, bien que naturelles, finissent par peser lourd sur ton quotidien.

Tu as peut-être remarqué que, dans ces moments-là, ta patience diminue, tes échanges avec les proches deviennent plus courts, voire conflictuels. Ou que tu repousses des décisions, paralysé(e) par la peur d'échouer ou de faire le mauvais choix. Ces comportements ne sont pas une faiblesse, mais la conséquence directe d'un mental surchargé et piégé dans un cercle vicieux.

Il est important maintenant d'observer ce qui se passe en toi, sans jugement, avec curiosité et bienveillance.

Pour cela, je te propose un exercice simple, mais puissant, qui t'aidera à mieux comprendre ton fonctionnement mental et à commencer à reprendre les rênes.

Exercice pratique : Observer ses propres pensées

Pendant trois jours, note les moments où tu sens ton mental s'emballer. Note ce que tu penses, ce qui déclenche ces pensées, et surtout, quelles émotions tu ressens à ces instants. Essaie d'être précis(e) et honnête avec toi-même.

Pose-toi ces questions : Quelles pensées reviennent souvent ? Quelles situations ou événements semblent les provoquer ? Comment réagis-tu émotionnellement ? Et surtout, que peux-tu te dire avec compassion à ces moments-là ?

Cet exercice n'est pas un test, ni une évaluation. C'est une invitation à te découvrir, à te comprendre, et à accueillir ta réalité sans te juger. La bienveillance envers toi-même est la clé pour amorcer un changement profond.

....

....

....

....

....

....

....

....

....

Pourquoi c'est normal et ce n'est pas une fatalité

Ce que tu vis n'est ni une faiblesse, ni une fatalité. Ton cerveau est une machine incroyable, capable de s'adapter, d'apprendre et de se réorganiser. Cette capacité, appelée plasticité cérébrale, signifie que tes schémas de pensée ne sont pas figés. Ils peuvent évoluer, se transformer.

Quand ton mental s'emballe, il réagit selon des circuits neuronaux ancrés par l'habitude, la peur ou l'expérience. Ces circuits déclenchent souvent automatiquement des réactions émotionnelles fortes, comme l'anxiété ou le stress. Mais cela ne veut pas dire que tu es condamné(e) à vivre ainsi.

Au contraire, grâce à cette plasticité, tu peux entraîner ton cerveau à adopter de nouveaux réflexes, plus sains et apaisants. C'est un processus qui demande du temps, de la patience, mais surtout de la pratique régulière.

Cette capacité d'adaptation est ta plus grande alliée. Ton cerveau peut se reprogrammer, pas à pas, pour te libérer de ces schémas qui te retiennent.

Comprendre ce processus est essentiel pour enclencher ta transformation.

Au fil du temps, ton cerveau peut apprendre à changer ces circuits anciens pour en créer de nouveaux, plus adaptés, qui favorisent la sérénité et le contrôle. Cette capacité à se remodeler s'appelle la plasticité cérébrale.

Ce processus demande une pratique régulière : c'est-à-dire des exercices simples, répétés chaque jour, qui entraînent ton esprit à penser différemment, à calmer le mental, à choisir des réactions plus apaisées.

Cette transformation est progressive, elle se construit pas à pas, avec constance et patience.

La plasticité cérébrale est la capacité de ton cerveau à s'adapter, évoluer et se réorganiser. Chaque nouvelle pensée et chaque nouveau comportement que tu cultives renforcent ces connexions neuronales naissantes, affaiblissant progressivement les anciens schémas qui entretiennent ton mal-être.

Cette capacité n'est pas innée, elle se construit par la pratique régulière d'exercices, de réflexions et d'actions concrètes. Avec du temps et un engagement sincère, tu peux reprogrammer ton mental pour retrouver plus de calme, de clarté et de maîtrise.

Comprendre ce mécanisme est la première étape pour reprendre le contrôle, calmer ce tumulte intérieur, et ouvrir la porte à un nouvel équilibre.

Prends un moment pour observer tes propres pensées, sans jugement ni pression.

Ta pratique régulière active cette transformation.
Petit à petit, tu peux reprogrammer ton mental.

> *La plus grande découverte de notre génération*
> *a été de s'apercevoir qu'un homme peut changer*
> *sa vie en modifiant sa façon de penser.*
>
> William James

IDENTIFIE TES SCHÉMAS TOXIQUES

Souvent, tes schémas mentaux agissent en arrière-plan, invisibles mais puissants. Ils influencent ta façon de penser, de ressentir, et même d'agir, sans que tu t'en rendes compte. Ces habitudes de pensée peuvent être des freins invisibles qui te maintiennent dans un cycle de mal-être.

Les identifier est essentiel. C'est la clé pour reprendre les rênes de ta vie. Ce travail de reconnaissance est comme allumer une lumière dans l'ombre. Une fois que tu vois clairement ces schémas, tu peux commencer à les transformer.

Considère cela comme une conversation avec un ami : je t'aide à mettre des mots sur ce qui te retient, sans jugement, simplement pour que tu puisses avancer.

Qu'est-ce qu'un schéma toxique ?

Un schéma toxique, c'est une pensée, une croyance ou un comportement répété, souvent inconscient, qui te nuit plus qu'il ne t'aide.

Ces schémas prennent racine dans ton passé. Ils viennent de ce que tu as vécu, des blessures, des peurs ancrées, et parfois des messages reçus dans ton enfance ou lors d'expériences marquantes.

Par exemple, tu peux entendre ou penser souvent :
"Je ne suis jamais assez bien",
"Je dois tout contrôler pour éviter le pire",
"Je ne mérite pas le bonheur".

Ces pensées s'imposent comme des vérités absolues, mais elles te piègent. Elles polluent ton mental, envahissent tes émotions, et conditionnent tes réactions. Elles limitent ce que tu oses faire ou ressentir.

Ces schémas te rendent plus anxieux(se), plus stressé(e), et parfois isolé(e). Ils t'empêchent de vivre pleinement.

Comprendre ces mécanismes, c'est déjouer leur pouvoir. C'est le début d'une libération concrète.

Les pensées-pièges

Certaines pensées reviennent sans cesse, comme des boucles automatiques qui renforcent ta souffrance. Ce sont les « pensées-pièges » : elles te maintiennent dans un état d'anxiété, de doute ou de colère, même quand la situation ne le justifie pas.

Ces pensées suivent souvent des schémas reconnaissables :
- Le tout ou rien : « Si ce n'est pas parfait, c'est un échec. »
- La catastrophisation : « Ça va mal finir, je le sais. »
- La généralisation abusive : « Je rate tout, je suis nul(le). »
- Le filtre négatif : « Je ne vois que ce qui va mal. »
- La lecture de pensée : « Je sais ce que les autres pensent de moi, c'est mauvais. »

Ces pensées-pièges sont toxiques car elles amplifient le mal-être. Elles conditionnent tes émotions et limitent tes choix.

Comprendre ces schémas, c'est commencer à les défaire.

Exercice pratique : Repérer tes pensées-pièges

Durant les 3 prochains jours, sois attentif(ve) aux moments où tu ressens une émotion forte (anxiété, colère, tristesse, frustration).

Chaque fois que cela arrive :

1. Note l'émotion que tu ressens.
2. Écris la pensée qui t'est venue juste avant cette émotion.
3. Essaie d'identifier si cette pensée contient l'un de ces pièges :

- Pensée "tout ou rien" (ex : "Je réussis ou j'échoue, il n'y a pas d'entre-deux")
- Généralisation (ex : "Je rate toujours tout")
- Dramatisation (ex : "C'est catastrophique, je ne vais jamais m'en sortir")
- Lecture de pensée (ex : "Ils pensent que je suis nul(le)")
- Filtre négatif (ex : "Je ne vois que ce qui va mal")

Il ne s'agit pas de te critiquer, mais de prendre conscience de ces schémas automatiques qui entretiennent ton mal-être.

Cette prise de conscience est la première étape pour commencer à transformer ton mental.

Les comportements limitants

Les schémas toxiques ne restent pas seulement dans ta tête. Ils contrôlent aussi ce que tu fais, souvent sans que tu t'en rendes compte. Ils te poussent à éviter certaines situations, à procrastiner, ou même à saboter tes propres efforts.

Ces comportements sont des réactions automatiques, liées à des croyances profondes qui te limitent.

Par exemple, si tu crois « je ne mérite pas le succès », tu risques de ne jamais te donner pleinement les moyens de réussir.

Identifier ces comportements est crucial. Ce sont eux qui entretiennent ta souffrance et bloquent ta progression, même quand tu veux changer.

Voici quelques exemples fréquents :

- Éviter les discussions difficiles pour ne pas provoquer de conflit
- Remettre à demain ce qui te fait peur ou te dépasse
- Se dévaloriser en permanence, abandonnant avant même d'essayer
- Saboter ses relations par peur de l'abandon ou du rejet

Ces comportements sont comme des chaînes invisibles, forgées par tes pensées-pièges.

Mini exercice : observe-toi

Pendant une semaine, note chaque fois que tu agis « contre toi-même », que tu évites, procrastines, ou te critiques durement.

Pose-toi ces questions simples :

- Qu'est-ce qui m'a poussé à réagir ainsi ?
- Quelle pensée ou peur a déclenché ce comportement ?
- Quel effet ce comportement a-t-il sur mon bien-être ?

Sans jugement, juste pour comprendre ce qui te freine réellement.

Cette prise de conscience est la clé pour commencer à briser ces automatismes et retrouver ta liberté d'action.

....

....

....

....

....

....

....

....

....

....

La peur paralysante

La peur joue un rôle central dans tes schémas toxiques. Elle est souvent la source qui déclenche et maintient le cercle infernal de l'anxiété.

Il faut d'abord comprendre que toutes les peurs ne se valent pas. Il y a la peur utile, celle qui agit comme un signal d'alarme. Elle te protège d'un danger réel. C'est un mécanisme vital, naturel et nécessaire.

Mais il y a aussi la peur toxique. Celle qui t'empêche d'avancer, qui te bloque sans raison valable. Cette peur excessive est souvent déconnectée de la réalité. Elle amplifie tes pensées négatives et t'enferme dans l'angoisse.

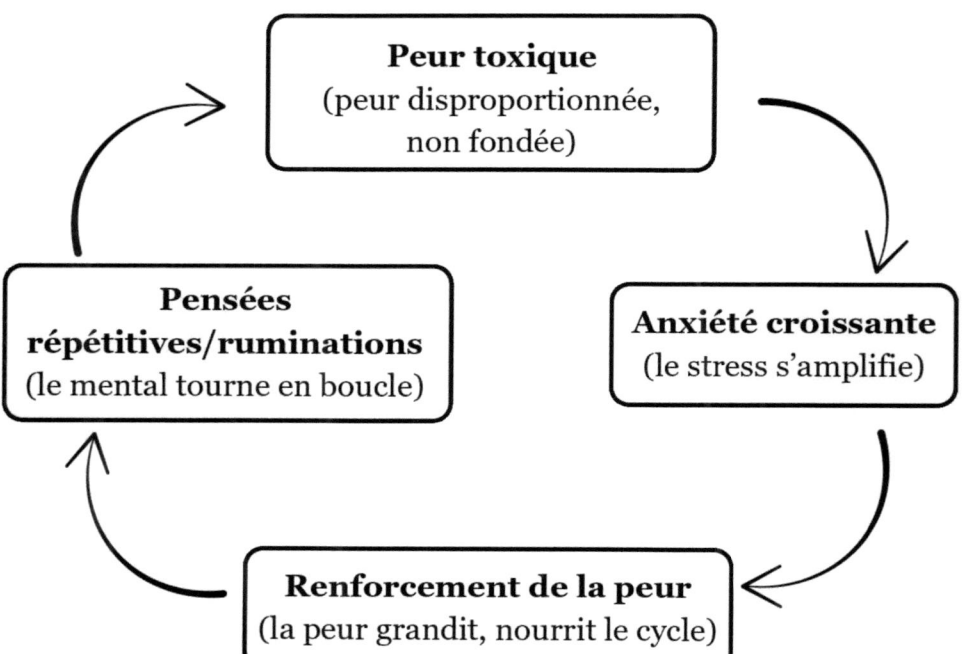

Quand cette peur toxique prend le dessus, elle alimente le cercle vicieux : tu as peur → tu rumines → ton anxiété augmente → ta peur grandit encore. Ce cycle te maintient prisonnier de tes inquiétudes et te prive de ta liberté.

Pour commencer à t'en libérer, il est essentiel de reconnaître la peur quand elle se manifeste. Apprends à faire la différence entre ce qui est un vrai danger et ce qui n'est qu'une alerte disproportionnée.

Une technique simple consiste à t'interroger : « Cette peur est-elle fondée sur des faits ou sur des suppositions ? » Pose-toi la question calmement, sans te juger.

Ensuite, relativise. Imagine-toi face à cette peur, observe-la, puis laisse-la s'éloigner. Tu n'as pas à la combattre violemment, mais à la comprendre et la gérer.

Avec le temps et la pratique, tu apprendras à réduire son pouvoir sur toi. Ce sera un pas décisif pour briser tes schémas toxiques et retrouver un mental plus calme et plus libre.

Tu as découvert que tes schémas toxiques, ces pensées-pièges et comportements limitants, façonnent ton mal-être et nourrissent un cercle vicieux difficile à briser. La peur joue un rôle central, amplifiant ce mécanisme.

La bonne nouvelle, c'est que prendre conscience de ces fonctionnements est le premier pas décisif vers la transformation. Cette lucidité te donne le pouvoir de commencer à reprendre le contrôle de ton esprit et de ta vie.

Introspection guidée

Prends un moment pour toi. Note les pensées qui reviennent sans cesse, celles qui te freinent ou te font douter. Quels schémas te paralysent ? Quelles peurs surgissent et comment te font-elles réagir ?

Sans jugement, écris librement tout ce qui émerge. Sois bienveillant(e) envers toi-même : cette exploration est un cadeau, un pas vers ta liberté intérieure.

Pose-toi ces questions puissantes :

- Quelles sont les pensées qui m'enferment ?

....

....

....

- Quels comportements répète-je malgré moi ?

....

....

....

- Quelles peurs me maintiennent dans l'angoisse ?

....

....

....

Laisse ces réponses guider ta compréhension.

LES DÉCLENCHEURS
ÉMOTIONNELS ET PHYSIQUES

Tu as sans doute déjà remarqué que certaines situations, certains mots, ou même de simples souvenirs peuvent soudain faire remonter en toi une vague d'émotions intenses, parfois démesurées par rapport à ce qui se passe vraiment autour de toi. Ces éléments, ce sont tes déclencheurs émotionnels. Ils agissent comme des interrupteurs invisibles qui activent des réactions en chaîne dans ton corps et ton esprit.

Comprendre ces déclencheurs est une étape cruciale pour reprendre le contrôle. Quand tu sais ce qui fait vibrer tes cordes sensibles, tu peux apprendre à désamorcer la réaction avant qu'elle ne prenne toute la place.

Les **déclencheurs émotionnels** peuvent être très variés. Cela peut être un souvenir douloureux qui ressurgit sans prévenir, une remarque maladroite qui réveille une blessure ancienne, une situation sociale qui te fait sentir mal à l'aise, ou même un stress chronique qui s'accumule sans que tu t'en rendes compte.

Leur pouvoir est souvent sous-estimé. Pourtant, ils peuvent activer en toi des réactions disproportionnées, des peurs anciennes, ou des tensions que tu pensais oubliées. Ce sont eux qui maintiennent parfois tes angoisses vives, tes colères soudaines ou ta tristesse profonde.

Tu vas apprendre à repérer ces déclencheurs, comprendre leur impact, et reprendre le contrôle de tes émotions et réactions. C'est essentiel pour te libérer.

Ton corps conserve la mémoire du stress et des émotions non résolues. Tu ressens peut-être des tensions chroniques, des douleurs inexpliquées, une fatigue persistante ou des palpitations soudaines. Ces manifestations physiques ne sont jamais anodines, elles reflètent directement ton vécu émotionnel.

Par exemple, avant un rendez-vous important, tu peux sentir une oppression dans la poitrine, ou ton estomac se nouer sans raison apparente. Parfois, un simple souvenir déclenche une réaction corporelle immédiate : muscles tendus, respiration rapide, cœur qui s'accélère.

Ces **déclencheurs physiques** puissants activent ton état de stress. Ignorer ces signaux ne fait qu'amplifier ton mal-être. Apprendre à reconnaître ces réactions est essentiel pour reprendre le contrôle.

En prenant conscience de ces symptômes, tu pourras adopter des réponses adaptées, calmer ton corps et désamorcer les réactions émotionnelles avant qu'elles ne prennent le dessus. C'est un levier concret et indispensable vers un équilibre durable.

Comprendre la chaîne qui entretient ton mal-être

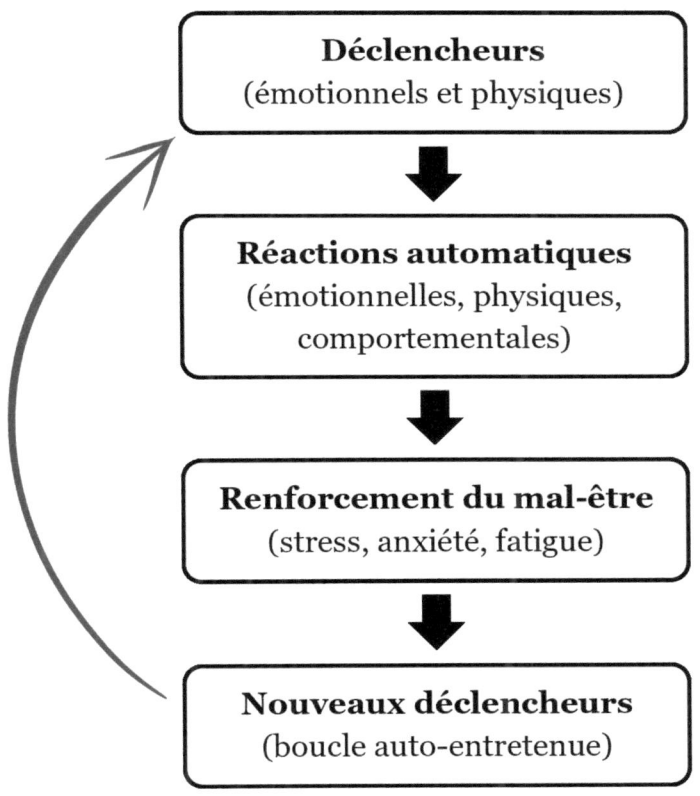

Ce schéma montre comment un déclencheur initial peut provoquer une réaction automatique qui alimente ton mal-être.

La boucle se perpétue tant que ce cycle n'est pas interrompu. Comprendre ce mécanisme est la clé pour reprendre le contrôle.

Quand un déclencheur survient, ton corps et ton esprit réagissent automatiquement. Tu peux fuir, te mettre en colère, te figer ou paniquer. Ces réactions instinctives proviennent du cerveau reptilien, conçu pour protéger face au danger.

Ces réponses immédiates amplifient souvent les schémas toxiques. La fuite, la colère ou l'inhibition renforcent la peur, le doute et l'anxiété, maintenant ainsi un cycle néfaste.

Ces réactions répétées modifient peu à peu ton fonctionnement mental et émotionnel, impactant ton bien-être quotidien.

Identifier ces réponses automatiques est indispensable pour pouvoir intervenir consciemment et changer la dynamique de ces schémas.

Note précisément les moments où tu ressens une réaction forte : la situation, l'heure, les personnes présentes, les sensations physiques. Sois le témoin attentif de ce qui déclenche ta réponse émotionnelle.

Repérer ces déclencheurs est essentiel. Plus tu connais les signaux avant-coureurs, plus tu peux agir avant que la réaction ne prenne le dessus.

Ne te contente pas de la mémoire. Utilise un carnet, une application, ou même ton téléphone pour consigner ces instants au fil des jours.

Cette démarche t'aide à sortir du pilotage automatique.

À chaque note, demande-toi : qu'est-ce qui s'est passé juste avant ? Que ressentais-tu dans ton corps ? Quelle pensée a surgi ?

Cette prise de conscience, répétée, te donne un pouvoir inédit : celui de désamorcer le mécanisme avant qu'il ne s'emballe.

Sortir du pilotage automatique, c'est commencer à choisir ta réponse plutôt que subir la réaction. C'est un exercice de vigilance active, un entraînement quotidien qui construit ta liberté intérieure.

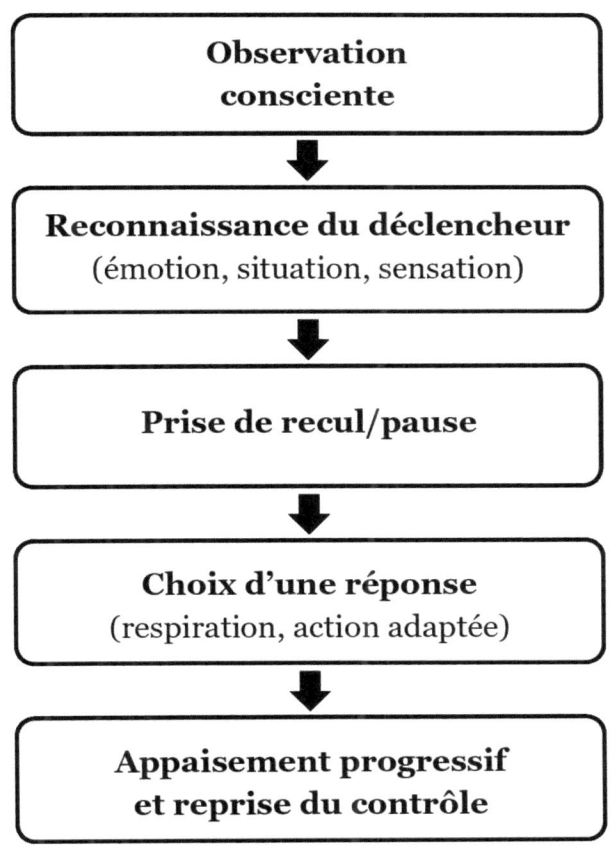

Les déclencheurs non repérés maintiennent ta fatigue mentale, augmentent le stress et fragilisent ta santé globale. Ils détériorent tes relations, créent incompréhensions et conflits. Ton bien-être s'effrite, ta sérénité s'éloigne.

Agir pour identifier ces déclencheurs est indispensable pour sortir de ce cercle vicieux et reprendre le contrôle.

Les déclencheurs activent des réactions automatiques qui renforcent ton mal-être. Leur identification est la première étape pour reprendre le contrôle et apaiser ton esprit.

Introspection guidée

Prends un moment pour répondre à ces questions avec honnêteté, sans te juger. Note tout ce qui te vient à l'esprit, même les détails qui te semblent insignifiants. C'est en observant avec bienveillance que tu pourras identifier tes déclencheurs personnels.

Écrire te permet de prendre du recul. Laisse tes pensées s'exprimer librement. Ce travail est une étape clé vers un changement concret.

- Quelles situations déclenchent en toi une réaction forte, parfois excessive ?

....

....

....

....

- Quelles sensations physiques ou émotions apparaissent juste avant ta réaction ?

....

....

....

....

....

- Quels signes te montrent que tu es sur le point d'être submergé(e) ?

....

....

....

....

....

- Comment tes réactions impactent-elles tes relations et ton bien-être ?

....

....

....

....

....

Tu as désormais identifié ces déclencheurs invisibles qui influencent tes réactions. La prochaine étape t'apportera des outils précis pour calmer ton esprit, reprogrammer tes pensées et reprendre le contrôle de ta vie.

Poursuis ce chemin avec confiance et détermination. Chaque pas te rapproche d'un équilibre profond et durable.

> *Ce n'est pas ce qui nous arrive qui nous définit,*
> *mais la façon dont nous réagissons.*
>
> Epictète

Étape 2

Calmer et reprogrammer ton esprit

TECHNIQUES EFFICACES POUR
APAISER TON MENTAL

Le stress chronique épuise ton corps et brouille ton esprit. Il aggrave l'anxiété, fatigue tes ressources mentales, et te maintient prisonnier d'un cercle infernal.

Calmer ton mental n'est pas un luxe, c'est une nécessité. Sans ce calme, aucune transformation profonde n'est possible. C'est la base solide sur laquelle tu vas reconstruire ta vie.

Tu n'as pas besoin de longues heures. Deux minutes, trois fois par jour, suffisent pour enclencher un vrai changement. La régularité est ta meilleure alliée.

La respiration consciente :
ta première arme anti-stress

La respiration est le seul outil accessible en permanence, capable d'agir directement sur ton système nerveux.

Respirer lentement, profondément, calme ton corps, réduit l'adrénaline et le cortisol, stoppe le mental agité.

La respiration abdominale, ou diaphragmatique, est la clé. Inspire lentement en gonflant ton ventre, expire plus longuement pour relâcher la tension.

Tu peux aussi utiliser des techniques rapides et puissantes comme la respiration 4-7-8 ou la cohérence cardiaque. Ces méthodes agissent en quelques minutes pour apaiser ton système nerveux, calmer tes pensées et réduire le stress.

La respiration 4-7-8 consiste à inspirer pendant 4 secondes, retenir l'air 7 secondes, puis expirer lentement pendant 8 secondes. Ce rythme ralentit ton rythme cardiaque, détend tes muscles et te recentre instantanément.

La cohérence cardiaque, quant à elle, est une technique de respiration contrôlée qui consiste à respirer à un rythme régulier de 5 secondes à l'inspiration, 5 secondes à l'expiration, pendant plusieurs minutes. Elle favorise l'équilibre du système nerveux autonome, améliorant ton calme intérieur et ta résilience face au stress.

Pratique ces techniques plusieurs fois par jour, surtout lors de situations tendues ou anxiogènes. Elles sont simples, efficaces, et accessibles partout, à tout moment.

Exercice de respiration consciente

- Installe-toi confortablement, assis(e) ou allongé(e), dans un endroit calme.

- Pose une main sur ton ventre, l'autre sur ta poitrine.

- Inspire lentement par le nez en gonflant doucement ton ventre, comme un ballon qui se remplit d'air. Ta poitrine doit rester immobile.

- Expire lentement par la bouche, plus longtemps que l'inspiration, en sentant ton ventre se dégonfler.

- Répète ce cycle 5 fois, en te concentrant uniquement sur le mouvement de ton ventre.

- Fais cet exercice 3 fois par jour, particulièrement lorsque tu ressens du stress ou de l'angoisse.

La pleine conscience pour sortir du pilotage automatique

La pleine conscience, c'est simplement porter ton attention au moment présent, ici et maintenant, sans jugement ni distraction. C'est observer ce qui se passe en toi — ta respiration, tes sensations, tes pensées — sans te laisser emporter par elles.

Souvent, tu vis en pilotage automatique. Un stimulus déclenche une réaction automatique, souvent émotionnelle ou mentale, qui te fait perdre le contrôle. La pleine conscience t'offre un espace entre ce stimulus et ta réaction. Dans cet espace, tu peux choisir ta réponse, au lieu de subir ton automatisme.

Imagine ce cycle : un stimulus survient, il déclenche une réaction automatique, mais grâce à la pleine conscience, tu prends conscience de ce mécanisme, puis tu réponds de façon consciente et maîtrisée.

Pratique simple à tout moment : prends 2 minutes pour t'arrêter. Porte ton attention à une sensation corporelle, le contact de tes pieds sur le sol, le souffle dans tes narines, ou le battement de ton cœur. Reste juste là, à observer, sans rien modifier, simplement accueillir.

Cette pause, courte mais puissante, t'entraîne à sortir du pilote automatique. Plus tu pratiques, plus tu gagnes en maîtrise, en calme et en clarté.

Exercice guidé de pleine conscience (2 minutes)

Objectif : sortir du pilotage automatique, ancrer ton attention dans l'instant présent et reprendre le contrôle de tes réactions.

1. Installe-toi

Trouve un endroit calme où tu peux rester assis(e), le dos droit mais détendu. Pose tes mains sur tes cuisses ou doucement dans ton giron.

2. Prise de contact avec la respiration (30 secondes)
- Ferme les yeux ou baisse légèrement le regard.
- Porte ton attention sur l'air qui entre et sort de tes narines.
- Ne force pas ta respiration, observe simplement son rythme naturel.

3. Scanner corporel rapide (30 secondes)
- Déplace doucement ton attention sur ton corps, de la tête aux pieds :
- Sens le contact de tes pieds sur le sol.
- Note la position de tes mollets, genoux, cuisses.
- Remarque les sensations dans ton dos, tes épaules et ton cou.

- Observe tes bras, tes mains et enfin tes doigts.

- Si tu repères une tension, expire longuement en imaginant la dissoudre.

4. Ancrage sur un point d'attention (30 secondes)
- Choisis un point précis : le va-et-vient de ta poitrine, le son lointain d'un bruit, ou le contact de tes vêtements sur ta peau.
- Garde ton attention sur ce point, comme si tu l'observais à travers un viseur.

5. Retour progressif (30 secondes)
- Remercie-toi d'avoir pris ces deux minutes.
- Prends trois respirations un peu plus profondes.
- Bouge doucement tes mains, tes pieds, et ouvre les yeux à ton rythme.

Conseils pour intégrer cet exercice

- Fais-le au moins 2 fois par jour : matin, pause déjeuner ou avant de dormir.
- Programme une alarme discrète ou colle-toi un petit post-it sur ton bureau.
- Même si ton esprit s'échappe, reviens simplement à l'observation, sans jugement.

L'ancrage :
reconnecter le corps et l'esprit

Objectif : sortir du mental incessant en ramenant ton attention sur des sensations physiques, pour retrouver immédiatement stabilité et calme.

Qu'est-ce que l'ancrage ? Pourquoi c'est puissant ?

L'ancrage, c'est l'art de ramener ton attention sur ton corps, ici et maintenant.

- Principe : face à une émotion forte (peur, panique, colère), ton esprit peut s'emballer. L'ancrage interrompt ce cycle en focalisant ton attention sur une sensation tangible.
- Force : le corps et l'esprit sont intimement liés ; ce que tu ressens physiquement impacte directement ton état mental. En choisissant délibérément de ressentir ton corps, tu reprends le contrôle sur tes réponses émotionnelles.

Techniques simples d'ancrage

1. Ressentir tes pieds au sol
   - Assieds-toi ou tiens-toi debout, le dos droit(e).
   - Porte ton attention sur la plante de tes pieds : appui, chaleur, textures du sol.
   - Constat : « Je suis ici, bien ancré(e) ».

2. Serrer les poings
   - Porte les mains devant toi, serre doucement les poings pendant 5 secondes, puis relâche.

o Sens la circulation et le relâchement dans tes doigts et tes avant-bras.

3. Sentir une texture
   o Trouve un objet à portée de main (tissus, pierre, bois...).
   o Passe ta main dessus, explore la rugosité ou la douceur.
   o Observe chaque détail sous tes doigts.

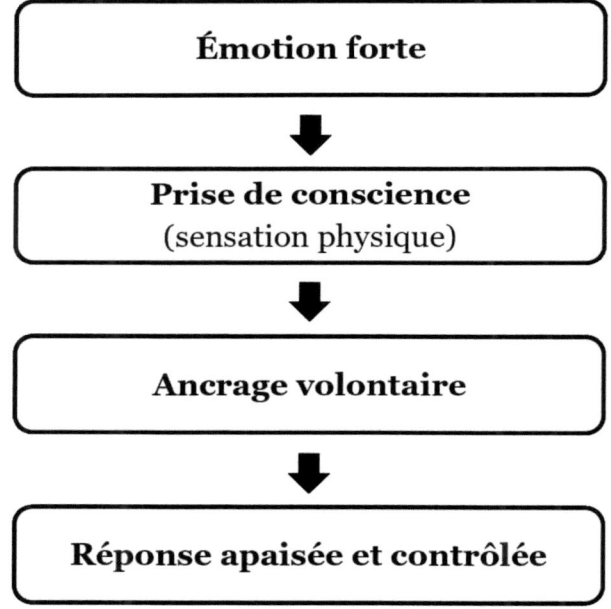

Ce schéma montre comment, de l'émotion forte, tu passes à une réaction apaisée grâce à la prise de conscience corporelle puis à l'ancrage volontaire.

Retrouve l'exercice d'ancrage sur la page de droite pour l'expérimenter.

Exercice guidé d'ancrage (1 minute)

Situation de départ
- Lorsque tu sens la panique ou le débordement émotionnel monter, stoppe-toi un instant.

Posture
- Assieds-toi ou reste debout, le torse redressé, les épaules relâchées.

Ancrage par les pieds (20 s)
- Porte ton poids sur toute la surface des plantes de tes pieds.
- Sens l'appui, note les points de pression.

Ancrage par les mains (20 s)
- Sers les poings lentement pendant 5 s, puis relâche.
- Répète deux fois, en observant les sensations de relâchement.

Ancrage par la texture (20 s)
- Prends un objet à portée (stylo, tissu...), explore sa texture du bout des doigts.
- Concentre-toi sur chaque détail, sans te laisser happer par tes pensées.

À la fin, prends trois respirations profondes pour intégrer le calme retrouvé, puis poursuis ton activité en observant la différence dans ton esprit et ton corps.

Auto-massage et détente musculaire

Objectif : relâcher les tensions corporelles pour apaiser ton mental et favoriser un sentiment de bien-être immédiat.

L'impact des tensions sur le corps et l'esprit

Lorsque tu gardes des muscles crispés, ton cerveau reçoit en continu des signaux d'alerte, contribuant au stress, à l'anxiété et à la fatigue mentale. Relâcher ces zones permet d'interrompre ce cercle vicieux : plus ton corps se détend, plus ton esprit se calme.

Techniques d'auto-massage faciles

Tempes
- Place l'index et le majeur de chaque main sur tes tempes.
- Effectue de petits cercles lents pendant 30 s, en appuyant juste ce qu'il faut.
- Sens la chaleur et la détente s'installer.

Nuque
- Mets tes deux mains à la base de ton crâne.
- Presse doucement vers ton front, puis relâche.
- Répète 5 fois, en synchronisant avec ta respiration : inspire en pressant, expire en relâchant.

Mains
- Avec le pouce de ta main gauche, masse la paume de ta main droite par de petits mouvements circulaires.
- Change de main après 20 s.

- Termine en tirant doucement chaque doigt, un par un, vers l'extérieur.

Détente musculaire progressive

Principe simple
- Tu vas contracter un groupe musculaire, sentir la tension, puis relâcher pour éprouver le relâchement.

Séquence (environ 5 minutes)
- Poings : serre les poings pendant 5 s, puis relâche brusquement.
- Épaules : lève-les vers tes oreilles, tiens 5 s, puis laisse tomber.
- Visage : plisse le front, serre les yeux, tiens 5 s, puis relâche.
- Pieds : fléchis-les vers toi, maintiens 5 s, puis relâche.

Bilan
- Après chaque relâchement, prends une respiration profonde et note la différence entre la contraction et la détente.

Intégrer ces exercices au quotidien

- **Rituel éclair :** profite du brossage de dents (2 min) pour masser tes tempes et ta nuque.
- **Micro-pauses :** programme une alarme toutes les 2 h pour un massage express des mains (30 s).

- **Avant de dormir :** consacre 5 min à la détente musculaire progressive pour un sommeil plus réparateur.
- **Note tes progrès :** garde un petit carnet et indique chaque jour tes ressentis après l'exercice.

En pratiquant régulièrement ces gestes simples, ton corps apprendra à relâcher les tensions avant même que ton esprit ne s'emballe, t'offrant un état de calme durable et une meilleure maîtrise de tes émotions.

Exercices à faire partout, en toutes circonstances

Objectif : disposer d'outils express pour apaiser ton mental dès que le besoin se fait sentir, où que tu sois.

Exercices ultra-rapides (30 s ou moins)

- Respiration courte

Inspire 4 × sec, expire 4 × sec, 3 fois de suite.

- Ancrage express

Pose une main sur ta cuisse (ou ta poitrine), sens la chaleur et l'appui pendant 10 s.

- Tapping discret

Tapote légèrement l'intérieur de tes poignets, 10 fois de suite, pour stimuler la circulation.

- Redresse-toi

Redresse-toi, tire les épaules vers l'arrière, comme si un fil te tirait vers le ciel, et tiens 5 s.

- Sourire conscient

Offre-toi un léger sourire intérieur : même forcé, il libère des endorphines en 5 s.

Conseils pour ne pas oublier

- Post-it visualisé
  - Colle un petit papier coloré sur ton ordinateur ou ton miroir, avec un seul mot-clé : "PAUSE".

- Alarme personnalisée
  - Programme une alarme douce trois fois par jour : "Stop & Respire".

- Ancre quotidienne
  - Choisis un geste récurrent (ouvrir la porte, prendre une gorgée d'eau) pour l'associer à un exercice rapide.

Crée ton rituel anti-stress

1. Sélectionne 2 à 3 techniques qui te parlent le plus.
2. Définis un ou deux moments clés : début de journée, pause café, retour à la maison...
3. Note-les dans ton agenda ou dans une appli de rappel.
4. Observe tes sensations après chaque mini-exercice et ajuste ton rituel en fonction de ce qui te fait vraiment du bien.

En intégrant ces gestes express et faciles à mémoriser, tu vas installer un réflexe anti-stress puissant et adapté à ton quotidien, même le plus chargé.

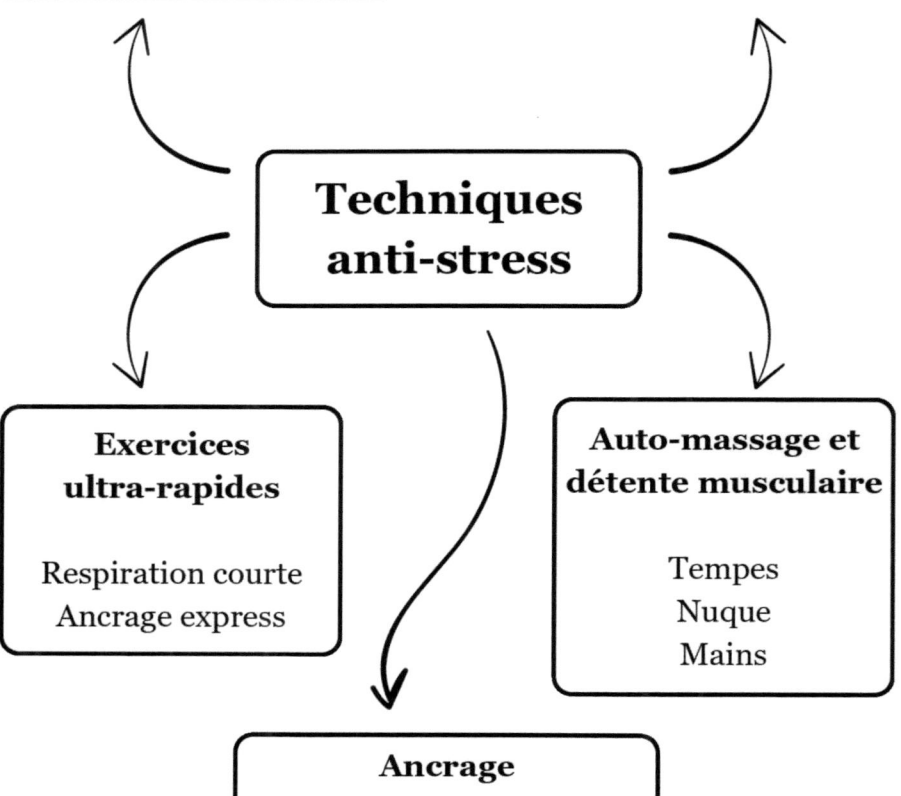

Respiration consciente

Respiration abdominale/
diaphragmatique
variantes rapides :
4 - 7 - 8
cohérence cardiaque

Pleine conscience

Observer sa respiration,
ses sensations
sans se laisser emporter

**Techniques
anti-stress**

**Exercices
ultra-rapides**

Respiration courte
Ancrage express

**Auto-massage et
détente musculaire**

Tempes
Nuque
Mains

Ancrage

Ressentir ses pieds au sol
Serrer les poings
Sentir une texture

Exercice pratique :
Crée ton kit anti-stress personnalisé

Liste tes préférences

Quelles techniques te parlent le plus ? (respiration abdominale/diaphragmatique, pause pleine conscience, ancrage physique, ...)

....

....

....

....

Définis ton plan d'action

Pour chaque technique choisie, précise un moment ou un contexte :

- Quand ? (ex. : au réveil, pendant une pause, avant de dormir)

....

....

- Comment ? (ex. : assis(e), debout(e), en lien avec un geste du quotidien)

....

....

....

Observe et ajuste

Après la pratique, prends un instant pour ressentir l'effet (détente, calme, clarté d'esprit...). Note directement ici ton ressenti et les ajustements souhaités :

....

....

....

Si nécessaire, modifie : change l'horaire, ajuste la durée, associe plusieurs techniques (respiration + ancrage, auto-massage + pleine conscience...).

....

....

Installe le réflexe

Répète régulièrement. Dès que tu sens le besoin, reporte ici comment intégrer la technique dans ta routine et ce qui fonctionne :

....

Si une technique ne convient plus, remplace-la ou teste-en une autre et note ici ton choix :

....

Ton kit anti-stress est prêt : construit avec tes choix, appliqué au quotidien et ajusté selon tes besoins. Passe à l'action dès maintenant et complète ces lignes au fil de ton expérience.

REPROGRAMME TES PENSÉES

Tes pensées façonnent ta réalité intérieure et extérieure. Agir dessus, c'est transformer durablement ton état d'esprit. Ici, tu découvriras comment repérer les schémas mentaux qui te freinent et comment les transformer pas à pas. Prépare-toi à un travail concret : chaque outil est fait pour être mis en pratique immédiatement.

Identifier clairement les pensées limitantes et négatives

Avant de réécrire ton dialogue intérieur, il faut d'abord comprendre d'où viennent les freins qui te retiennent. Deux niveaux se distinguent :

- Pensées limitantes (croyances) : convictions enracinées qui réduisent ce que tu imagines possible. Par exemple, « Je ne mérite pas », « Je ne suis pas fait(e) pour ça ».
- Pensées automatiques négatives : réactions mentales instantanées, surgissant sans que tu les choisisses, souvent alimentées par ces croyances et par des biais cognitifs.

Ces schémas ne reflètent pas la réalité ; ce sont des habitudes mentales. Les repérer avec recul ouvre la voie au changement.

Origines et mécanismes

Tes croyances se sont construites au fil d'expériences, de messages reçus ou d'échecs interprétés comme définitifs. Elles fonctionnent comme un filtre : quand une situation se présente, ton esprit oriente d'emblée la conclusion vers le négatif si la croyance est activée.

Les biais cognitifs amplifient ce processus : tu remarques d'abord ce qui cloche (focalisation négative), tu transformes un incident isolé en règle générale (généralisation excessive), tu passes du succès partiel à l'échec total (pensée tout-ou-rien) ou tu imagines toujours le pire (catastrophisation).

Souvent, une pensée négative s'accompagne d'une tension physique : serrement au ventre, mâchoire crispée, rythme cardiaque qui s'accélère. Ce signal corporel te alerte avant même que la pensée soit consciente. Reconnaître ce lien te place en position d'observateur(trice) plutôt que de victime.

Développer la vigilance sans contrainte

Au quotidien, tu peux adopter une posture d'attention continue, sans devoir écrire chaque idée dès qu'elle se présente. Il s'agit d'accueillir ce qui se passe en toi puis d'y revenir de manière choisie, dans un moment calme :

- Observation fluide : remarque les émotions soudaines — anxiété, découragement, irritabilité. Sans te juger, interroge-toi intérieurement : « Qu'est-ce qui se joue ici ? »

- Prise de recul réfléchie : plus tard, dans un moment réservé à ta réflexion, revisite les instants marquants et repère les pensées qui ont surgi. Cette mise à distance t'évite la dispersion et préserve la spontanéité de tes journées.

- Cartographie progressive : au fil des jours, tu construis en mémoire une carte de tes schémas récurrents, sans nécessité de noter chaque pensée sur le vif. L'essentiel est de garder une conscience éveillée de ces automatismes.

Cette approche crée un équilibre entre vigilance et fluidité, sans alourdir ton parcours.

Exemples de schémas fréquents

Manque de compétence
- Croyance : « Je ne suis pas assez compétent(e). »
- Pensée automatique : face à un nouveau défi, tu envisages immédiatement l'échec.
- Repérage : tu observes, lors d'un projet entamé, la tendance à douter avant même de commencer.

Anticipation négative
- Croyance : « Tout finit mal pour moi. »
- Pensée automatique : avant un rendez-vous important, tu es persuadé(e) qu'il va mal tourner.
- Repérage : tu te diagnostiques après coup, tu avais pressenti le pire alors que le résultat était différent.

Critique de soi
- Croyance : « Je ne mérite pas d'être heureux(se). »

- Pensée automatique : dès un moment agréable, tu penses : « Pourquoi je le mériterais ? »
- Repérage : tu remarques cette hésitation à t'autoriser le bien-être.

Comparaison défavorable

- Croyance : « Les autres sont meilleurs que moi. »
- Pensée automatique : lorsqu'un(e) pair réussit, tu te juges immédiatement inférieur(e).
- Repérage : tu sens la dévalorisation surgir malgré tes propres progrès.

Généralisation excessive

- Croyance : « Un échec définit toujours mon avenir. »
- Pensée automatique : à la moindre difficulté, tu te convaincs que tout est perdu.
- Repérage : tu te souviens avoir ignoré les apprentissages tirés des échecs passés.

En conservant cette posture d'observateur(trice), tu deviens familier(ère) de tes mécanismes intérieurs. Tu perçois les répétitions et leur impact, sans te laisser happer à chaque instant.

L'importance de cette clarté

Tu passes de doutes flous à une vision nette de tes schémas, tu sais où agir, et en observateur(trice) tu reprends le contrôle de tes pensées. Ce socle te mène à la reprogrammation cognitive : tu identifieras les pensées à remettre en question et à remplacer par des alternatives réalistes.

La méthode de reprogrammation cognitive

Cette méthode te permet de changer une pensée toxique en pensée alternative réaliste et constructive. Elle repose sur deux principes : remettre en question l'idée négative et la remplacer par une formulation plus équilibrée.

1. Identifier la pensée toxique
- Repère la pensée automatique négative précise : "Je ne suis pas capable de réussir", "Personne ne m'écoute", etc.
- Formule-la clairement : écris-la ou dis-la intérieurement telle qu'elle apparaît.

2. Examiner les preuves (preuve contraire)
- Demande-toi : quelles preuves soutiennent cette pensée ? Note-les brièvement.
- Demande-toi ensuite : quelles preuves l'infirment ou la nuancent ? Liste-les aussi.
  - Exemples de preuves soutenant : "J'ai échoué une fois", "On m'a critiqué".
  - Exemples de preuves contraires : "J'ai déjà réussi dans d'autres domaines", "J'ai progressé depuis".
- Objectif : voir si la pensée tient face aux faits objectifs.

3. Reformulation positive réaliste
- À partir des preuves, crée une phrase alternative équilibrée. Elle doit être :
  - Réaliste : basée sur les faits (éviter l'excès de positivisme irréaliste).
  - Encourageante : soulignant des ressources ou des possibilités.

- Structure simple : "Même si... (élément difficile), il est aussi vrai que... (preuve contraire ou nuance)".
  - Exemple :
    - Pensée toxique : "Je ne réussirai jamais ce projet."
    - Preuves nuançant : "J'ai appris de mes précédentes erreurs", "J'ai des compétences utiles".
    - Reformulation : "Même si ce projet comporte des défis, j'ai déjà surmonté des difficultés et je peux progresser pas à pas."

4. Mettre à l'épreuve
- Observe ton ressenti en formulant la pensée alternative.
- Applique-la en situation : lorsqu'une situation similaire se présente, rappelle-toi la reformulation.
- Note l'effet : ton anxiété diminue-t-elle ? Te sens-tu plus motivé(e) ou assuré(e) ?

5. Répéter et ancrer
- Répète mentalement la pensée alternative quand l'ancienne réapparaît.
- Plus tu pratiques, plus le nouveau schéma s'installe.
- Garde en tête que cela prend du temps : sois patient(e) et persévérant(e).

Exercice : transformer une pensée négative

Pensée négative
Écris ici la pensée automatique qui t'a gêné(e) récemment :

....

....

Preuves contraires ou nuançantes

Liste ce qui infirme ou tempère cette pensée :

....

....

....

Reformulation réaliste

À partir des éléments ci-dessus, rédige une phrase équilibrée :

....

....

....

Effet et action

- Comment te sens-tu en lisant cette reformulation ?

....

....

....

- Quel petit geste ou pensée tu peux adopter immédiatement pour l'ancrer ?

....

Cette méthode simple te guide pas à pas pour transformer chaque pensée toxique. Passe à la suivante dès que tu repères une nouvelle idée négative, et observe l'évolution de ton état d'esprit.

L'auto-compassion : ton alliée essentielle

Accepter ses failles et se soutenir soi-même ouvre la voie à un esprit plus résilient. L'auto-compassion, c'est traiter ses difficultés avec la même bienveillance qu'on offrirait à un ami proche.

Le concept d'auto-compassion

- S'accepter tel(le) que tu es : reconnaître tes imperfections sans te juger.
- Se soutenir : t'encourager dans les moments difficiles, plutôt que de te dévaloriser.
- Attitude protectrice : poser un regard doux sur tes erreurs, les voir comme des occasions d'apprendre.

Les trois piliers de l'auto-compassion

- Bienveillance envers soi

Remplace la critique interne par un discours encourageant.
Exemple : au lieu de « Je suis nul(le) », dis-toi « J'ai le droit d'apprendre et de progresser ».

- Humanité partagée

Comprendre que souffrir fait partie de l'expérience humaine. Tu n'es pas seul(e) à vivre des difficultés.
Exemple : réaliser que d'autres traversent aussi des doutes renforce le sentiment de connexion, diminue la solitude.

- Pleine conscience

Observer tes émotions et pensées douloureuses sans te laisser submerger.

Exemple : reconnaître « je ressens de la peine » sans en rajouter (« je suis faible »), juste accueillir ce qui est là.

Exercices d'auto-compassion

Affirmation

Formule une courte phrase bienveillante, par exemple : « Je mérite de prendre soin de moi » ou « J'accueille mes progrès, même petits ».

Réponse intérieure

Quand une pensée dure surgit (« Je n'y arriverai pas »), réponds-toi comme à un(e) ami(e) : « C'est difficile, mais je peux essayer à nouveau. »

Pause compassion

Pose une main sur la poitrine, respire lentement et pense : « Que dirais-je à un proche ? » Applique cette phrase à toi.

Regard apaisé sur le passé

Choisis une épreuve ancienne : quelle phrase de soutien aurais-tu aimé entendre ? Répète-la aujourd'hui pour alléger ta charge.

Ces gestes brefs, répétés dès qu'un jugement survient, installent progressivement une voix intérieure plus douce et encourageante.

Utiliser les affirmations réalistes et puissantes

Qu'est-ce qu'une affirmation efficace ?

Une affirmation efficace est une phrase courte, formulée au présent, qui reflète une réalité possible et nourrit ton état d'esprit. Elle te parle directement, sans envolées trop optimistes ni promesses irréalistes.

Affirmations irréalistes vs pragmatiques

- **Irréaliste :** promet un résultat instantané ou extrême.
  - Ex. : « Je ne serai jamais stressé(e). » (impossible : le stress peut réapparaître)

- **Pragmatique :** reconnait la difficulté tout en ouvrant une voie concrète.
  - Ex. : « Je peux apprendre à apaiser mon stress étape par étape. »
  - L'affirmation pragmatique s'appuie sur ce qui est faisable et renforcera ta confiance durablement.

Exemples adaptés au mal-être et à l'anxiété

- « Je suis capable de traverser cet inconfort et d'en tirer un apprentissage. »
  « Chaque jour, je découvre des ressources pour apaiser

mon esprit. »
- « Je m'autorise à prendre de petites pauses pour respirer et me recentrer. »
- « J'accepte mes émotions et je choisis de répondre avec bienveillance. »
- « Même si je ressens de l'anxiété, je garde confiance en ma capacité à la gérer. »

Exercice pour créer tes propres affirmations

1. Choisis un besoin précis
Identifie un aspect de ton mal-être ou de ton anxiété que tu souhaites apaiser (confiance, calme, action, etc.).

---

2. Formule la réalité actuelle et la direction souhaitée
- Réalité : note brièvement ta difficulté (ex. : « Je me sens souvent submergé(e) »).
- Direction : indique ce que tu veux développer (ex. : « je veux rester calme même quand je me sens submergé(e) »).

---

3. Crée une phrase au présent, équilibrée
- Inclue la reconnaissance du défi et une ouverture vers la solution.
- Structure : « Même si… je peux… » ou « Je choisis de… »
- Ex. : « Même si je me sens parfois submergé(e), je peux respirer profondément et retrouver mon calme. »

Écris ta phrase ici :

....

....

4. Vérifie la réalisme et le ressenti

- Lis-la à voix basse ou mentalement. Elle doit éveiller un léger sentiment de confiance, pas rebuter par un optimisme excessif.
- Ajuste si besoin : précise un geste ou une action concrète.

....

....

....

5. Ancrage quotidien

- Choisis un moment ou un rappel (matin, pause, avant de dormir). Répète ton affirmation lentement, en conscience.
- Observe comment elle influence ton état.

....

....

....

....

Répète cet exercice pour chaque domaine à renforcer. Tes affirmations deviendront des repères pragmatiques, guidant doucement ton esprit vers des pensées réalistes et constructives.

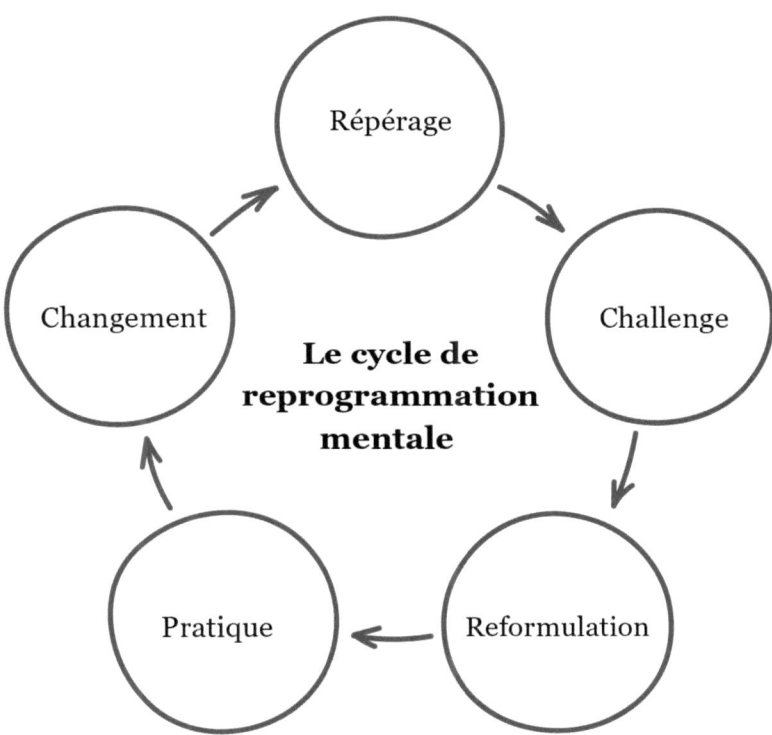

Le cycle de reprogrammation mentale repose sur cinq étapes essentielles :

1. **Repérage :** identifier clairement la pensée toxique et son contexte.
2. **Challenge :** examiner objectivement les preuves pour confronter la validité de cette pensée.
3. **Reformulation :** élaborer une phrase alternative réaliste et équilibrée, fondée sur des faits.
4. **Pratique :** répéter et ancrer la nouvelle formulation dès que l'ancienne resurgit.
5. **Changement :** observer l'évolution de ton état d'esprit et mesurer le bénéfice sur ton quotidien.

Points clés à retenir :

- **Sois constant(e) :** chaque boucle renforce la nouvelle habitude mentale.
- **Garde la bienveillance :** accepte que la transformation prenne du temps et parfois des ajustements.
- **Adapte-toi :** certaines pensées nécessitent des reformulations spécifiques, n'hésite pas à ajuster ta phrase pour qu'elle te parle vraiment.
- **Observe les résultats :** note mentalement ou brièvement les effets (moins d'anxiété, meilleure confiance, prise de décision plus éclairée).
- **Intègre-le dans ta routine :** associe ce cycle à un moment régulier ou à un signal (pause, fin de journée, avant une action stressante).

En réitérant ces cinq étapes à chaque pensée limitante, tu construis un réflexe de recul et de transformation. Avec le temps, tu installes un dialogue intérieur plus réaliste et apaisé. Passe à la prochaine boucle : tu renforces progressivement un équilibre durable.

> **"**
>
> *Si tu es déprimé, tu vis dans le passé ;*
>
> *si tu es anxieux, tu vis dans le futur ;*
>
> *si tu es en paix, tu vis dans le présent.*
>
> Lao Tseu
>
> **"**

CONSTRUIS DES ROUTINES
QUI TRANSFORMENT

Les routines créent des repères. Elles ancrent le changement. Elles protègent ta santé mentale. De petites actions répétées génèrent un effet cumulatif puissant. Chaque geste compte. Adopter des routines bien-être, c'est investir dans ton équilibre mental, émotionnel et physique.

Routine matinale pour bien démarrer la journée

Un rituel matinal pose le ton. Il calme l'esprit et prépare le corps. Voici des idées simples à combiner et adapter :

1. Respiration consciente (2 à 3 minutes)
- Assieds-toi ou reste debout(e), dos droit.
- Inspire par le ventre, expire lentement.
- Variante rapide : 4-6 respirations profondes avant de sortir du lit.

2. Ancrage corporel (30 secondes)
- Debout, sens l'appui des pieds sur le sol.
- Sers doucement les poings, relâche.
- Rappelle-toi : tu es présent(e), ici et maintenant.

3. Affirmation réaliste (quelques secondes)
- Choisis une phrase percutante, par exemple : « Je suis

capable de relever ce défi. », « Je choisis la clarté et la force aujourd'hui. », « Mon énergie grandit à chaque instant. »

- Ancrage de l'affirmation : inspire profondément en pensant à ta phrase, expire en laissant cette idée s'enraciner en toi. Par exemple :
  - Inspire en te disant mentalement « Je suis capable »,
  - Expire en ressentant cette confiance s'imposer.

- Usage immédiat : formule ton affirmation à voix basse ou intérieurement, avec conviction, juste avant d'entamer ton activité ou quand tu sens un doute.

Exemples selon ton besoin :
- Si tu cherches du calme : « Je respire la sérénité, même sous pression. »
- Si tu veux de la motivation : « J'entreprends chaque tâche avec détermination. »
- Si tu souhaites confiance : « Je mérite de réussir, jour après jour. »

- Intégration rapide : garde ta phrase en tête au lever ou juste avant un moment stressant. Permets-lui de guider ton état d'esprit avant l'action.

Ces affirmations, formulées avec force et ancrées dans la respiration, créent un levier puissant pour orienter ton esprit dès le matin.

4. Étirements légers (1 à 2 minutes)
- Étire le dos et les épaules : lève les bras, étire-toi sur la

pointe des pieds.

- Inclinaison latérale douce pour ouvrir les côtés du corps.
- Mouvement simple : rotation des épaules, nuque relâchée.

5. Hydratation et petit-déjeuner équilibré
- Bois un verre d'eau avant tout.
- Choisis un apport protéiné ou riche en fibres selon ton goût (œuf, yaourt, fruits, flocons d'avoine…).
- Manger consciemment : prends quelques instants pour savourer, même si tu es pressé(e).

6. Plan d'action rapide
- Sur une note ou une appli, indique 1 à 3 priorités du jour.
- Formule une action concrète et réalisable : par example: « Appeler X », « Travailler 20 min sur projet Y ».

Conseils d'adaptation

Si tu n'as que 5 minutes : choisis respiration + affirmation + hydratation.

Si tu disposes de 10–15 minutes : ajoute étirements et plan d'action.

Ajuste l'heure selon ton rythme : immuable ou modulable selon les jours.

Intègre un signal simple : alarme douce, position de yoga matinale, chanson courte qui lance la routine.

Cette routine matinale, même réduite, donne une impulsion positive. Elle met ton corps en mouvement et ton esprit en état d'ouverture. Teste différentes combinaisons et retiens ce qui résonne pour toi.

Routine du soir pour un apaisement profond

Pourquoi bien terminer la journée ?

Clore la journée en douceur stabilise ton esprit et prépare un sommeil réparateur. Sans transition, les tensions s'accumulent et perturbent le repos. Une fin de journée apaisée nourrit ton équilibre et favorise un lendemain plus clair.

Pratiques simples

1. Méditation guidée courte (5 minutes)
- Installe-toi confortablement, assis(e) ou allongé(e).
- Choisis une application ou une piste audio courte (5 min).
- Concentre-toi sur ta respiration : observe l'inspiration et l'expiration.
- Laisse passer les pensées sans t'y accrocher.
- Termine en remerciant mentalement ton corps pour cette journée.

2. Gratitude ciblée (2 à 3 minutes)
- Note mentalement ou dans un journal de gratitude trois faits positifs du jour, même mineurs.
- Formule-les comme tu le ferais à un(e) ami(e) : « J'ai apprécié... », « Je suis fier(ère) de... ».
- Cette pratique oriente ton esprit vers le positif avant le sommeil.

3. Relaxation musculaire progressive (3 à 5 minutes)
- Allongé(e) sur le dos, ferme les yeux.
- Contracte doucement chaque groupe musculaire (pieds, jambes, ventre, épaules, visage) pendant 5 s, puis relâche.

Sens la détente circuler dans tout le corps.

- Termine par une respiration lente, en sentant ton corps lourd et relâché.

Conseils pour limiter les écrans

- Coupure 30–60 minutes avant le coucher : éteins les écrans (smartphone, ordinateur, TV).
- Alternatives : lecture d'un texte léger ou inspirant, écoute d'un podcast apaisant, écriture de gratitude.
- Ambiance douce : éclairage tamisé, lumière chaude. Évite la lumière bleue qui retarde l'endormissement.
- Rituel régulier : choisis un signal fixe (heure, son d'alarme doux) pour lancer ta routine du soir. La régularité favorise l'horloge interne.

Préparer un sommeil réparateur

- Température et confort : veille à une chambre légèrement fraîche, un lit accueillant.
- Tisane ou boisson chaude sans caféine : quelques gorgées apaisantes, si cela te fait du bien.
- Écriture libre (optionnel) : si des pensées tournent en boucle, note-les rapidement sur une page pour les libérer.
- Visualisation positive (facultatif) : imagine un lieu calme, une scène apaisante, pour orienter ton esprit vers la détente.

Intégration et adaptation

- Si tu disposes de peu de temps, commence par la

méditation guidée ou la gratitude.

- Combine les pratiques selon tes besoins : méditation + relaxation musculaire, ou gratitude + visualisation.
- Sois bienveillant(e) : certains soirs, tu feras moins ; l'essentiel est la régularité globale, pas la perfection.

Termine chaque journée avec cette routine. Tu installes un rituel qui apaise ton esprit, détend ton corps et prépare un sommeil de qualité. Chaque nuit bien vécue alimente ton bien-être au réveil.

Gestion consciente des réseaux sociaux et informations

Impact des écrans et des mauvaises nouvelles

- **Hyperstimulation** : le flux continu d'alertes, de messages et de contenus sollicite constamment ton attention. Le cerveau reste en état d'alerte, favorisant fatigue mentale et irritabilité.
- **Lumière bleue** : exposer tes yeux aux écrans en fin de journée perturbe ton rythme naturel et retarde l'endormissement.
- **Biais négatif et comparaison** : les mauvaises nouvelles abondent et accrochent ton esprit. Sur les réseaux, tu te compares souvent aux autres (réussites, vies idéalisées), ce qui alimente anxiété et sentiment d'insuffisance.
- **Rumination** : voir sans cesse des informations anxiogènes nourrit la rumination. Ton esprit reste bloqué sur des scénarios catastrophiques ou des peurs répétées.

Stratégies pour limiter l'exposition et garder le contrôle

Créneaux dédiés
- Choisis des moments précis pour consulter les actualités ou les réseaux (ex. : 15 minutes le matin, 15 minutes en fin d'après-midi). Hors de ces plages, ferme les applications.
- Fixe une alarme ou un minuteur pour respecter ces limites.

Notifications maîtrisées
- Désactive les notifications non essentielles (réseaux sociaux, applis d'info en continu). Ne laisse que l'essentiel (messages ou alertes urgentes).
- Regarde tes applications en mode silencieux, sans vibreur ni pop-up intrusif.

Filtrage de contenu
- Sur les réseaux, unfollow ou mute les comptes qui génèrent stress ou envie de comparaison.
- Abonne-toi à des comptes inspirants, positifs ou pédagogiques qui nourrissent ton bien-être.

Pause numérique régulière
- Prends des « coupures écran » chaque jour : 30 minutes sans téléphone ou ordinateur (marche, lecture papier, étirements).
- Réserve au moins 1 heure avant le coucher sans écran.

Évaluation consciente
- Avant d'ouvrir une appli ou un site d'info, interroge-toi : « Pourquoi j'y vais ? Qu'est-ce que je cherche ? »

- Si c'est par habitude ou ennui, reporte la consultation et choisis une autre activité.

Plan d'action en cas d'infodémie

- Lorsque les mauvaises nouvelles s'accumulent (crise, actualité anxiogène), limite-toi à une source fiable et brève, plutôt que de multiplier les lectures.
- Privilégie des résumés ou bulletins concis validés (newsletter de qualité, journal de confiance).

Alternatives positives

- Lectures inspirantes : garde quelques livres ou articles sur le bien-être ou des récits motivants à portée, pour remplacer un scroll automatique.
- Podcasts courts : choisis des épisodes de 5–10 min sur la gestion du stress ou la pleine conscience, à écouter pendant une pause ou en marchant.
- Activités sans écran : promenade en pleine nature, hobby manuel (dessin, écriture, cuisine simple), ou échange en personne sans téléphone.
- Rituels de déconnexion : le matin 10 min sans smartphone (respiration, étirements) ; le soir, note un point positif avant de dormir.
- Mouvement spontané : dès que l'envie de vérifier l'écran se fait sentir, fais quelques pas ou étirements, puis évalue si tu as toujours besoin du téléphone.

Ces choix créent de l'espace mental, limitent le stress inutile et renforcent ton équilibre au quotidien.

Alimentation et mouvement : bases fondamentales

Pourquoi c'est essentiel

Corps et esprit sont liés. Une alimentation équilibrée soutient ton humeur et ta résilience. Le mouvement régulier réduit le stress et améliore l'énergie.

Alimentation équilibrée

- **Variété et couleurs :** alterne légumes-feuilles, racines, légumineuses, fruits. Chaque couleur signale des nutriments différents (rouges pour le lycopène, verts pour le folate, violets pour les anthocyanes).
- **Protéines de qualité :** poissons (oméga-3), légumineuses, œufs, graines. Ils aident à produire les neurotransmetteurs du bien-être.
- **Glucides complets :** privilégie avoine, quinoa, riz complet. Ils stabilisent l'énergie et évitent les pics de glycémie.
- **Graisses saines :** huile d'olive, avocat, noix. Elles soutiennent le cerveau et règlent l'humeur.
- **Hydratation :** bois de l'eau régulièrement. Fatigue ou irritabilité peuvent venir d'un manque d'eau.
- **Modération des stimulants :** limite café, boissons sucrées, alcool. Consomme en restant à l'écoute de ton corps.
- **Repas conscients :** prends un instant avant de manger. Observe textures et saveurs. Mange lentement pour mieux digérer et repérer la satiété.

Mouvement régulier

- **Marche quotidienne :** 10–20 min à bon rythme (trajet, promenade après repas).
- **Étirements rapides :** matin et soir, 2–3 min pour relâcher nuque, épaules, bas du dos.
- **Yoga doux ou mouvements fluides :** 5–10 min pour relier souffle et étirement (postures simples).
- **Pause active :** lève-toi chaque heure. Quelques pas ou mouvements de bras évitent la sédentarité.
- **Activité plaisir :** vélo, danse, jardinage... Le plaisir motive la régularité.

Conseils d'intégration

- Commence petit : ajoute un aliment ou un geste à la fois.
- Adaptation : choisis selon ton temps, budget, goûts. Si tu détestes la marche, teste le vélo ou des exercices maison.
- Écoute ton corps : respecte tes limites. Augmente progressivement.
- Rituel associé : lie l'action à une habitude existante (verre d'eau au réveil, podcast pendant la marche).
- Suivi simple : dans le livre, note chaque jour une action (ex. : « J'ai ajouté des légumes au dîner » ou « J'ai marché 15 min »).

Ces bases alimentaires et de mouvement, pratiquées régulièrement, renforcent ton bien-être mental et physique. Elles constituent un socle stable pour gérer le stress et soutenir ta transformation.

Ta routine bien-être en 5 piliers

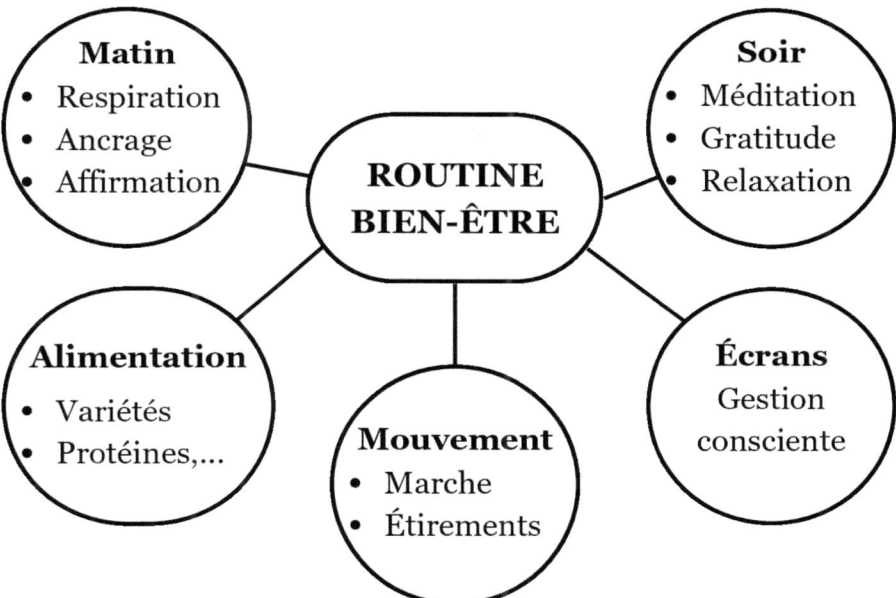

Ce schéma présente les cinq axes clés à intégrer chaque jour :

- **Matin :** un rituel court (respiration, ancrage, affirmation) pour démarrer avec clarté et énergie.
- **Soir :** une pratique apaisante (méditation, gratitude, relaxation) pour clore la journée en douceur.
- **Gestion des écrans :** délimiter des créneaux et privilégier des contenus positifs pour préserver ton calme mental.
- **Alimentation :** varier tes apports (légumes, protéines de qualité, glucides complets, graisses saines) et manger en pleine conscience pour soutenir ton humeur.
- **Mouvement :** intégrer chaque jour de la marche, des étirements ou du yoga doux pour évacuer le stress et renforcer ta vitalité.

Clés pour l'action : choisis au moins un geste par pilier, adapte-le à ton emploi du temps, et répète-le régulièrement. Petit à petit, ces habitudes se combinent et produisent un effet cumulatif puissant. En associant ces cinq piliers, tu crées un socle solide pour ton bien-être global, jour après jour.

Exercice pratique : Planifie ta routine bien-être

Crée ici ta routine bien-être en la notant directement dans ce livre. Choisis une action pour chaque pilier (matin, soir, écrans, alimentation, mouvement), selon ton emploi du temps et tes besoins. Reste flexible et bienveillant(e) : l'idée est de tester et d'ajuster, pas de viser la perfection.

1. Définis tes gestes clés

Pour chaque pilier, écris une ou deux actions concrètes :

- **Matin** (ex. respiration consciente, ancrage, affirmation) :

....

- **Soir** (ex. méditation courte, gratitude, relaxation musculaire) :

....

- **Gestion des écrans** (ex. plages sans smartphone, contenus positifs) :

....

- **Alimentation** (ex. petit-déjeuner nutritif, collation saine, repas conscients) :

....

- **Mouvement** (ex. marche quotidienne, étirements matin/soir, yoga doux) :

....

2. Checklist de cohérence et faisabilité

Coche ou note une brève réponse pour chaque point afin de valider ta routine :

- ☐ Est-ce réalisable avec ton emploi du temps actuel ?
- ☐ As-tu prévu un moment ou un signal clair pour chaque action (alarme, habitude existante) ?
- ☐ L'action est-elle assez courte pour ne pas devenir une contrainte (1 à 10 min selon le pilier) ?
- ☐ Te motive-t-elle ? Choisis un geste qui te parle réellement.
- ☐ As-tu anticipé les obstacles (fatigue, imprévus) et prévu une version simplifiée si nécessaire ?
- ☐ Peux-tu ajuster ton plan si tu vois que ça ne fonctionne pas (flexibilité) ?
- ☐ As-tu noté dans le livre comment tu vas suivre ta pratique (coche, date, bref commentaire) ?
- ☐ Sens-tu que cette routine te ferait du bien aujourd'hui si tu la mettais en place ?

3. Plan d'action immédiat

- Choisis une date de démarrage (idéalement aujourd'hui ou demain) :

....

- Prépare un rappel (alarme, rappel, post-it) :

....

- Teste ta routine sur 3 à 7 jours : observe ce qui marche, ce qui coince. Note brièvement chaque jour :

  o Ce que tu as fait

....

....

  o Ton ressenti (énergie, humeur, détente)

....

  o Ajustements prévus

....

....

Commence sans pression : même un seul geste améliore ton bien-être. Sois patient(e) et bienveillant(e) envers toi-même. Si un élément ne convient pas, remplace-le ou simplifie. Ce travail se construit jour après jour. L'important est de démarrer aujourd'hui et de rester à l'écoute de ce qui fonctionne pour toi.

Astuce : relis cette page chaque semaine pour ajuster ta routine et célébrer tes progrès.

Étape 3

Te reconnecter à toi-même pour choisir ta vie

HONORE QUI TU ES,
MÊME QUAND TOUT SEMBLE FLOU

Reviens à ce que tu peux vraiment maîtriser

Tu n'es pas ce qui t'arrive. Tu es ce que tu choisis d'en faire.

Imagine : un flot d'informations te submerge. Notifications, doutes, urgences... Ton esprit tourne en boucle. Plutôt que de courir après l'impossible maîtrise, arrête-toi. Reviens au centre : là où tu peux agir.

Dans ce point d'ancrage, tu retrouves :
- Une clarté instantanée pour distinguer l'essentiel du superflu.
- Un calme profond qui apaise tes pensées en ébullition.
- Une énergie renouvelée pour poser des actions concrètes, même minimes.

Ce retour au centre est ton espace de liberté. C'est ici que chaque petit choix compte et recompose ton pouvoir d'agir.

Le schéma sur la page de droite révèle en un coup d'œil :
- Au centre : ce que tu contrôles – ta respiration, ta façon de te parler, tes priorités, tes gestes simples, tes limites, ta réaction émotionnelle.
- Autour : ce que tu ne contrôles pas – le passé, le futur incertain, le jugement des autres, les aléas extérieurs, les émotions qui surgissent.

TU NE CONTRÔLES PAS

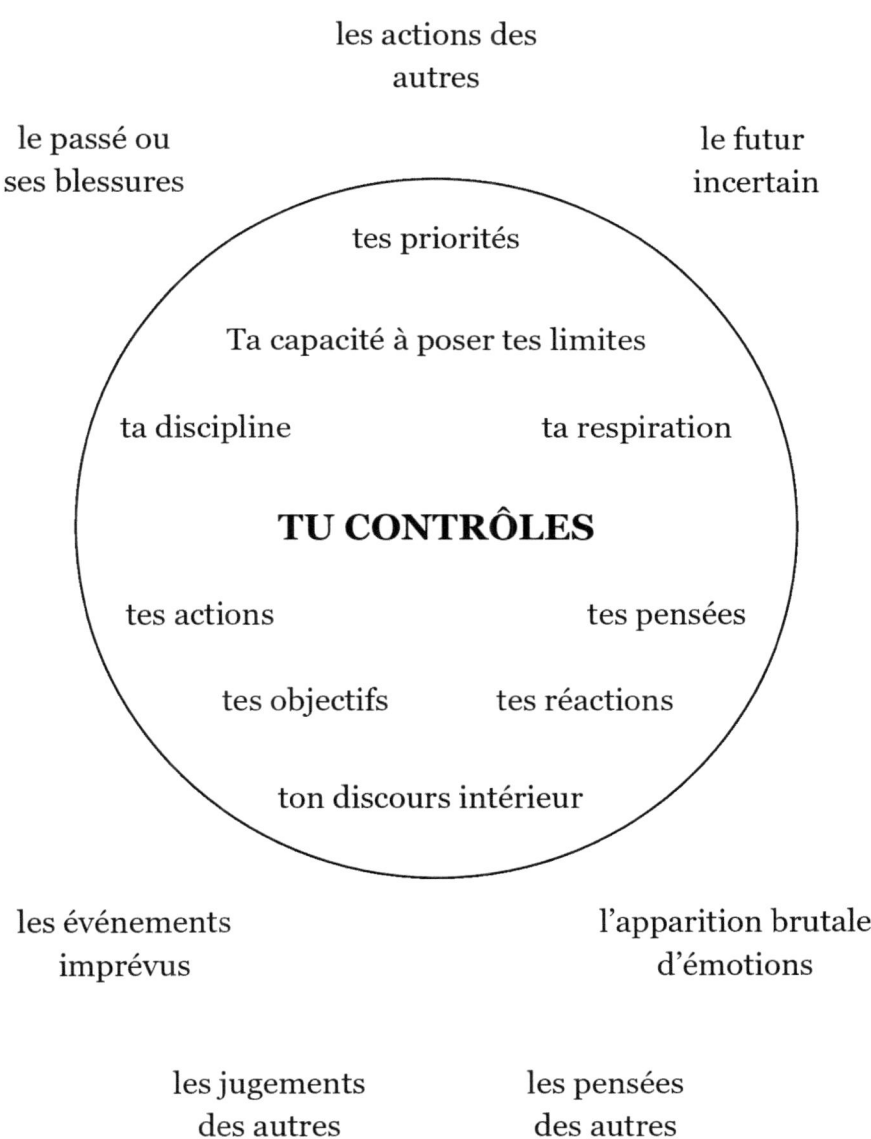

les actions des
autres

le passé ou
ses blessures

le futur
incertain

tes priorités

Ta capacité à poser tes limites

ta discipline

ta respiration

TU CONTRÔLES

tes actions

tes pensées

tes objectifs

tes réactions

ton discours intérieur

les événements
imprévus

l'apparition brutale
d'émotions

les jugements
des autres

les pensées
des autres

Ce filtre est ton ancrage. Sans lui, tu disperses ton énergie dans l'inutile. Avec lui, tu reviens toujours à l'essentiel : poser un acte concret, même minuscule. Cette approche, héritée de la philosophie stoïcienne et validée par la psychologie moderne, est un levier de transformation immédiate.

Quand l'agitation monte, fixe ton regard mental sur le cercle. C'est là que s'exerce ta vraie liberté. Choisis un micro-acte concret : inspire trois fois, relève-toi pour respirer, change de tâche. Chaque geste posé depuis le centre rallume ta confiance et dissipe l'impression d'impuissance.

Sans ce repère, tu risques de disperser ton énergie à vouloir changer l'inchangeable. Avec ce cercle, tu arrêtes l'usure intérieure et tu muscles ta résilience. À chaque retour au centre, tu confirms à ton esprit : « Je peux agir ici et maintenant. » Cette posture, simple mais puissante, bascule l'impuissance en action tangible, même en plein chaos.

Phrase-mantra :

« Je ne maîtrise pas tout ce qui m'entoure,
mais je choisis comment je vis ce qui m'arrive. »

Ce retour au centre de ton cercle est la base de ta souveraineté intérieure. Chaque retour te rappelle ta liberté et ancre ta capacité à avancer, même quand tout semble incertain.

REVIENS À L'ESSENTIEL :
CE QUI TE FAIT DU BIEN, TE PARLE, T'ÉLÈVE

Tu t'es peut-être éloigné(e) de toi-même, happé(e) par les urgences, les obligations et les attentes des autres. Entre notifications incessantes et montagnes de tâches, tu as perdu le fil de ce qui te nourrit vraiment.

Pourtant, c'est en revenant à l'essentiel que tu retrouves ta force la plus profonde.

Ferme les yeux un instant. Rappelle-toi ces moments où tu te sentais léger(ère), inspiré(e), pleinement vivant(e). Peut-être une promenade en plein air, un échange sincère, une musique qui te transporte, ou un silence paisible. Ces instants sont tes balises : ils te disent qui tu es quand tu es aligné(e).

Revenir à l'essentiel, c'est apprendre à distinguer trois dimensions clés :

- Ce que tu aimes : les activités et les lieux qui allument une étincelle en toi.
- Ce qui te fait du bien : les pauses, les routines et les gestes qui apaisent et régénèrent.
- Ce qui a du sens : les valeurs et les projets qui donnent une direction et une motivation à tes journées.

MON AXE INTÉRIEUR

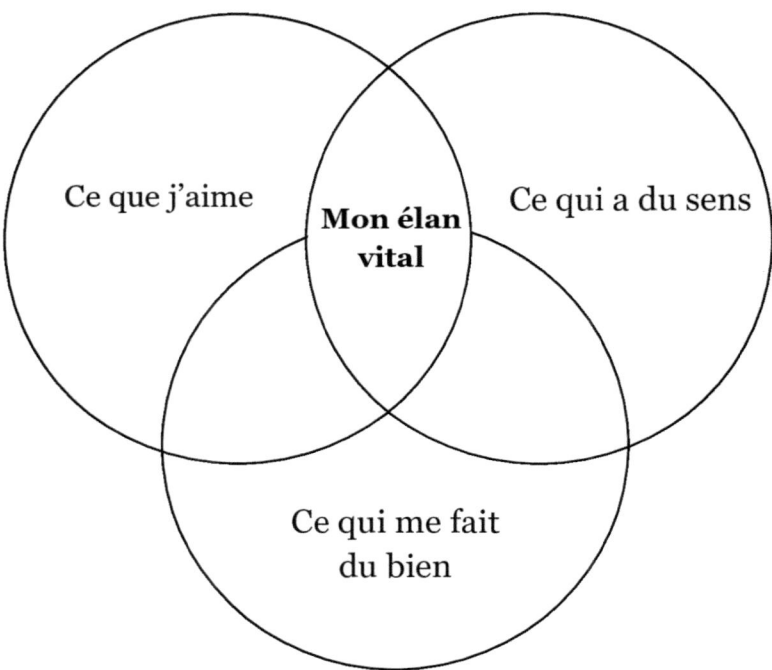

Ces trois cercles, lorsqu'ils se croisent, dessinent ton élan vital. Il n'est pas nécessaire de tout comprendre sur le plan théorique : tu n'as qu'à ressentir, repér r ce qui t'anime et t'y raccrocher à chaque décision.

Chaque fois que tu te sens dispersé(e) ou déconnecté(e), pose-toi ces questions :

- Qu'est-ce qui ferait vibrer mon cœur aujourd'hui ?
- Quel petit geste concret puis-je poser pour m'accorder ce moment de vie ?
- Quelle valeur ai-je besoin de défendre pour rester fidèle à moi-même ?

Ce schéma n'est pas qu'un simple dessin : c'est ton guide pour refuser l'inutile et te reconnecter à ta vérité. Reviens-y chaque matin pour aligner tes choix sur ce qui te fait grandir.

Mini-exercice : "Mon axe aujourd'hui, ce que je veux protéger"

1. Note en quelques mots une activité ou un état que tu souhaites préserver aujourd'hui.
2. Relie-le à une valeur : « Parce que pour moi, c'est important de... ».
3. Choisis un geste pour l'ancrer (bloquer un créneau, partager avec un proche, t'accorder un temps dédié).

Aujourd'hui, je souhaite ....

....

Parce que pour moi, c'est important de ....

....

Je m'engage à ....

....

Phrase-mantra :

« Mon élan vital me guide :
je protège ce qui me fait grandir. »

ENGAGE-TOI ENVERS TOI-MÊME

Ce n'est pas l'extérieur qui va t'autoriser à changer. C'est toi. Tu as déjà fait le travail : tu distingues ce que tu contrôles, tu connais ton axe intérieur, tu sais ce qui te fait vibrer.
Il est temps de franchir le pas : passer de la conscience à l'engagement.

Tu peux décider de vivre plus aligné(e).
Même doucement. Même imparfaitement.
Ne cherche pas la perfection ; cherche la cohérence.
Jour après jour, par de petits actes fidèles à ta vérité, tu t'honores.

Imagine un navire en pleine mer, sans phare ni cap. Il tourne en rond, ballotté par les vagues.
Ton engagement est ton phare.
Ton objectif clair est ton cap.

Quand tu fixes un objectif, tu donnes un sens à chacun de tes choix.

- Tu sais où tu vas.
- Tu refuses de t'égarer.
- Tu ajustes ta trajectoire, même face aux tempêtes.

Sans engagement, tu restes à la dérive.
Avec un pacte solide, chaque petit geste devient une boussole : lever les yeux vers ton phare, poser une action fidèle à ton cap, constater que tu avances.

S'engager, c'est passer de l'idée à l'action.
C'est sceller une promesse faite à toi-même.
C'est te donner la force de recommencer, encore et encore.

Ton engagement, c'est un pacte que tu signes avec toi-même.
Un acte symbolique mais concret : écrire, sceller et relire ce pacte t'ancre dans ta volonté profonde. Là réside ton pouvoir de transformation durable.

Exercice final puissant : Mon pacte avec moi-même

Sur la page suivante, rédige ton engagement personnel :

1. Je choisis de…
(Ex. « Je choisis de commencer chaque matin par trois respirations conscientes. »)
2. Je ne veux plus…
(Ex. « Je ne veux plus laisser mes doutes décider pour moi. »)
3. Je m'engage à…
(Ex. « Je m'engage à protéger chaque semaine un temps dédié à mon élan vital. »)

Puis, signe en bas de la page pour sceller ton pacte.

Relis-le autant de fois qu'il le faut. Ton phare intérieur te guidera sur chaque nouveau rivage.

Mon pacte avec moi-même

Je choisis de

....

....

....

Je ne veux plus

....

....

....

Je m'engage à

....

....

....

Signature:

Conclusion

UNE NOUVELLE VIE
T'ATTEND

Tu tiens ce livre entre tes mains, et ce n'est plus le même que celui que tu as ouvert au début.

Tu as amorcé un parcours sincère.
Tu as éclairci ton horizon en comprenant ton mal-être.
Tu as apaisé ton esprit avec des techniques éprouvées.
Tu as renoué avec ton essence et signé ton pacte de transformation.

Regarde le chemin parcouru : chaque exercice, chaque schéma, était un phare pour te guider.

Tu n'es plus à la dérive ; tu navigues avec un cap clair.

Aujourd'hui, tu sais :

- distinguer ce qui dépend de toi ;
- lâcher prise sur l'inutile ;
- choisir selon ton élan vital ;
- protéger ce qui te fait grandir ;
- traverser les tempêtes avec sérénité.

Rappelle-toi : renoncer est la seule véritable défaite. Croire en toi est ton premier acte de courage. Traite-toi comme un(e) ami(e) cher(e) : encourage-toi, soutiens-toi, rappelle-toi que tu mérites le meilleur. Chaque doute est une leçon, chaque obstacle une occasion de grandir.

Tu n'as qu'une seule vie : fais-en un chef-d'œuvre jour après jour.

Dès que tu ressens le besoin, continue de revenir ici : relis ton pacte, replonge-toi dans ton schéma de contrôle, ravive ton axe. Partage tes victoires : elles font de chaque progrès une réalité.

Merci d'avoir osé ce voyage intérieur.

Tu mérites une vie apaisée, pleine de sens et de puissance.

Ta nouvelle vie commence maintenant.

CONTINUE D'APAISER TON ESPRIT ET DE REPRENDRE LE CONTRÔLE.

Pour t'accompagner au-delà de ces pages, je t'offre un cadeau exclusif :

"Les 3 déclics pour transformer ton mindset", un ebook pratique qui t'accompagne pas à pas pour installer un état d'esprit puissant et durable.

Mais ce n'est pas tout. Je te propose aussi de découvrir plusieurs outils pensés pour soutenir ta progression et nourrir ta sérénité au quotidien.

Scanne les QR codes pour y accéder directement.

Journal de gratitude

Un compagnon quotidien, simple et puissant, pour cultiver la reconnaissance, apaiser l'esprit et renforcer ta paix intérieure. En seulement 5 minutes par jour, ce journal transforme ta perception du monde et nourrit un bien-être profond et durable.

Journal de manifestation

Un outil puissant qui t'accompagne pour clarifier tes intentions, structurer tes actions et manifester tes désirs profonds. Inspiré par la loi de l'attraction et la méthode 369 de Nikola Tesla, ce journal te guide pas à pas vers la réalisation concrète de tes rêves.

Letters Never Sent

Un livre d'écriture thérapeutique unique qui te permet d'exprimer tes émotions les plus profondes. En écrivant ces lettres, tu te libères du poids du passé, tu renoues avec ta vérité intérieure, et tu ouvres la porte à une guérison authentique et durable.

Boussole Intérieure

Un recueil puissant de vérités simples et profondes, pensé pour t'accompagner à cultiver ta force intérieure, apaiser le tumulte de ton esprit, et avancer avec clarté et sérénité. Ce compagnon essentiel te guide pour retrouver ton équilibre, vivre pleinement avec authenticité, et transformer ta vie durablement.

Rendez-vous dans 10 ans…

Un carnet à remplir qui te propose de répondre à 50 questions chaque année, pour suivre et révéler ton évolution sur une décennie. Une capsule temporelle précieuse qui te fait prendre pleinement conscience du chemin que tu as parcouru.

Ton avis compte vraiment

Merci d'avoir parcouru ces pages avec moi.

Si ce livre t'a touché, inspiré ou accompagné,
ça me ferait vraiment plaisir que tu laisses un petit
commentaire sur Amazon.

Ça prend moins d'une minute mais cela
m'aiderait beaucoup à faire connaître mon travail
et toucher d'autres personnes.

Il te suffit simplement de
scanner ce QR code avec ton téléphone:

Du fond du cœur,
merci pour ta confiance et ton soutien,
ça compte énormément pour moi.